Riesengroße Fensterbilder aus der Bibel

Ein Buch in der Reihe . . .
aktiv & kreativ
. . . gedruckt auf 100% Recyclingpapier

Redaktion
+ Illustrationen
Friederike Sax

ZEBOLD

Impressum

In diesem Buch veröffentlichten Ratschläge sind von Autorin und Verlag sorgfältig erarbeitet worden, dennoch kann eine Garantie nicht übernommen werden. Eine Haftung der Autorin bzw. des Verlages oder seiner Beauftragten für Personen-, Sach- und Vermögensschäden ist ausgeschlossen.

1. 2. 3. Auflage 1999 98 97

Gestaltung: A. Czerwonka, Reichertshausen Ilm
Druck: Druckerei Aumüller, Regensburg

ISBN 3-86188-402-X

Inhaltsverzeichnis

Vorwort

Warum ...

... ich gerade ein Fensterbilderbuch für christliche Feiertage gemacht habe, werden Sie sich sicher fragen.

Die Antwort darauf ist ganz einfach, es gibt viele Bücher mit sehr schönen Fensterbildvorschlägen zu fast allen Gelegenheiten, doch keines für die christlichen Feiertage. Für mich sehr unverständlich, denn gerade diese Feiertage prägen unsere abendländische Kultur und wie selbstverständlich begehen wir die Feste Jahr für Jahr. Die Zusammenlegung der katholischen und evangelischen Festtage ist von mir im Sinne der Ökumene rein beabsichtigt.

Dieses Buch zu gestalten, hat mir sehr viel Freude gemacht und ich hoffe, Sie haben ebensoviel Freude daran. Vielleicht kann Ihnen mein Buch auch als kleiner, kreativer Berater im Bastelkreis Ihrer Gemeinde, beim Religionsunterricht und für die Vorbereitung zur Kommunion oder Konfirmation, nützlich zur Seite stehen.

Ich wünsche Ihnen viel Spaß beim Basteln.

Friederike Sax

Auflistung der von mir verwendeten Materialien

Weiße, bunte Pappe und Papier, bunte Wellpappe

Weiße, bunte und metallische Bastelfarben

Schwarzer, wasserfester, dünner Filzstift

Bleistift und Buntstifte

Radiergummi und Lineal

Glanzbilder (Lackbilder, Oblaten)

Bambusstöckchen, Blumendraht und Baumwollgarn

Gold- und silberfarbene Sternchenaufkleber

Klebstoff und kristallfarbenes Klebeband (so breit wie möglich)

Eine Pfauenfeder und Papiergeschenkband

Schere, Schneidemesser (Skalpell mit auswechselbarer Spitzklinge)

Schnittfeste Unterlage

... zur Herstellung der Fensterbilder

Ganz wichtig zur Herstellung der Fensterbilder ist ein scharfes Messer, am besten ein Skalpell mit Spitzklinge und eine absolut schnittfeste Unterlage. Bitte achten Sie darauf, wenn Kinder mit den Messern arbeiten, daß sie immer unter Aufsicht sind.

Als erstes nehmen Sie vom Musterbogen eine Papierschablone des von Ihnen gewünschten Fensterbildes ab. Da Pappe recht teuer ist, besorgen Sie sich aus dem Fachhandel eine Rolle Makulatur. Mit einem Papiermuster ist es wesentlich einfacher, als wenn Sie das Muster direkt auf die Pappe bringen. Ganz einfach lassen sich von diesem Papiermuster Begrenzungsstriche auf die Pappe übertragen, oder falls Sie statt der Bemalung Ihr Fensterbild mit buntem Papier bekleben wollen, können Sie das Papiermuster entsprechend zerschneiden. Legen Sie nun das Papiermuster auf die Pappe und übertragen Sie nur die äußeren Umrisse, dann schneiden Sie die „Rohform" mit einem Messer aus. Jetzt färben Sie die Rückseite Ihres Papiermusters mit dem Bleistift schwarz ein (schraffieren), bitte verwenden Sie kein Kopierpapier, dieses hinterläßt auf der Pappe häßliche Flecken und Abdrücke, die bleibend sind. Anschließend legen Sie das Papiermuster, wieder auf Ihr ausgeschnittenes Fensterbild und übertragen die inneren Begrenzungsstriche für die Bemalung, indem Sie mit dem Bleistift die Linien auf dem Papiermuster nachziehen.
Noch keine Feinzeichnungen wie z.B. Nase, Augen, Mund usw. einzeichnen, nachdem Sie den Grund bemalt haben, würden Sie diese Striche nicht mehr sehen und die Mühe wäre umsonst. Haben Sie die Bemalung vorgenommen, können Sie wieder vom Papiermuster die Feinzeichnung übertragen, ganz zum Schluß umranden Sie das Fensterbild mit einem feinen schwarzen Filzstiftstrich, die Farbe muß wasserfest sein. Ebenso zeichnen Sie mit diesem Stift alle inneren Konturen bzw. Begrenzungsstriche, Falten im Kleid, Wimpern etc. auf. Sollte sich Ihr Fensterbild durch das Aufbringen der nassen Farben etwas gewellt haben, lassen Sie alles gut durchtrocknen. Dann legen Sie einen großen Bogen weißes Papier auf eine glatte Unterlage, mit der Vorderseite legen Sie das Fensterbild darauf, einen weiteren Bogen Papier auf die Rückseite und bügeln Sie das Ganze bei schwacher Hitze. Bitte als Abdeckung kein Handtuch oder Haushaltspapier verwenden, es würden sich Flusen auf der Farbe bilden, die sich nicht entfernen lassen.

Ist Ihr Fensterbild fertig, dekorieren Sie es ins Fenster und kleben es mit breitem, kristallklaren Klebestreifen an der Fensterscheibe fest.

Für den Hintergrund habe ich zu jedem Fensterbild unter dem Hinweis „Dekorationshilfe", eine Empfehlung abgegeben. Diesbezüglich ein allgemeiner kleiner Tip, zur Karnevals- bzw. Faschingszeit sind besonders ausgefallene Dekorationsstoffe erhältlich, die sich als Hintergrund hervorragend eignen.

Sollten Sie Ihr Fensterbild lieber bekleben wollen, statt bemalen, gibt es auch dafür eine preiswerte Lösung, entweder nehmen Sie Geschenkpapier, oder Sie fragen im Fachhandel nach ausgemusterten Tapetenbücher, die kostenlos erhältlich sind.

Nach getaner Arbeit steht am Ende das Schönste, die Freude an Ihrem kleinen Kunstwerk.

So wird's gemacht

Da der Regenbogenkreis sehr groß ist, müssen Sie ihn aus zwei Halbkreisen zusammenkleben und entsprechend zwei Pappen verwenden.

Der Gesamtdurchmesser des Kreises beträgt 66cm und der Gesamtdurchmesser des Innenausschnittes 33cm.

Haben Sie die zwei Halbkreise aus weißer Pappe ausgeschnitten, legen Sie die Schnittkanten nicht aufeinander, sondern gegeneinander.

Nun schneiden Sie zwei ca. 8cm breite Pappstreifen zu, diese kleben Sie über die beide Schnittstellen (auf der Rückseite), überstehende Kanten an dem Kreis entsprechend abschneiden. Diese Methode gibt dem Kreis zusätzlich Stabilität und vermeidet häßliche Wulste.

Die Bemalung in Regenbogenfarben erst nach dem Zusammenkleben vornehmen. Anschließend schneiden Sie die Symbole einzeln aus, bemalen sie und kleben sie auf den Kreis.

Die Geschichte

Durch eine chronologische Anordnung der Stationen des Christusereignisses wird der Versuch unternommen, durch gottesdienstliche Feiern das Geschehene zu vergegenwärtigen und Anteil daran zu nehmen.
Gedächtnis im biblischen Sinn meint nicht eine bloße Erinnerung an etwas längst vergangenes. Bei der Feier der Heilstaten Gottes wurden diese als gegenwärtig erfahren, seien sie nun in der Vergangenheit geschehen oder für die Zukunft noch ausstehend.
Das Hier und Jetzt ist der Schnittpunkt zur Ewigkeit. Diese Sichtweise macht es schwierig, einen Anfang zu setzen und ein Ende für den Verlauf eines Kirchenjahres. Im Laufe der Jahrhunderte sind verschiedene Zeitpunkte für der Beginn des Kirchenjahres üblich gewesen.
Der derzeitige Beginn – im Bereich den westlichen Kirchen – mit dem 1. Adventssonntag das Kirchenjahr zu beginnen, ist aus dem Brauch entstanden, mit dem Formular dieses Sonntags die liturgischen Bücher zu eröffnen. Da der Advent sowohl ein Gedächtnis der Erwartung der Geburt Jesu als auch das Warten auf seine Wiederkunft beinhaltet, bringt dieser Beginn des Kirchenjahres zumindest Vergangenheit und Zukunft in Verbindung.

Dekorationshilfe

Zu diesem Fensterbild paßt fast jeder Hintergrund.

So wird's gemacht

Auf dem Musterbogen finden Sie nur zwei Engel, um alle Engel herzustellen, schneiden Sie die beiden Engel einmal so aus und einmal seitenverkehrt.

Für die Bemalung der Hemdchen wählen Sie möglichst vier verschiedene Farben, anschließend kleben Sie silberne und goldene Sternchenaufkleber auf die Hemdchen.

An jedem Adventssonntag bringen Sie dann einen weiteren Engel an die Fensterscheibe bis alle vier komplett sind.

Die Geschichte

„Advent" Diese Vorbereitungszeit auf Weihnachten hat ihren Namen vom lateinischen adventus (= Ankunft). Die Bedeutungsfülle, die in diesem Wort mitschwingt, läßt sich erst erfassen über den ursprünglichen Gebrauch des Begriffs: Ankunft einer Gottheit im Tempel, erster offizieller Besuch eines Herrschers nach Antritt seiner Herrschaft, Thronbesteigung eines Kaisers.

Die Bedeutung, die Christen der Adventszeit beilegen, umfaßt sowohl die Ankunft Christi unter den Menschen bei seiner Geburt als auch seine Wiederkunft (griech. parousia). Die Vielschichtigkeit der Inhalte wird bestimmt von den biblischen Texten, die in den Gottesdiensten der Vorweihnachtszeit gelesen werden.

„Seit wann genau eine Adventszeit begangen wird, läßt sich schwer feststellen. Nach altem Brauch wurde jedem großen Fest eine Vorbereitungszeit vorangestellt. Das erste sichere Zeugnis für die Begehung einer Fastenzeit vor dem Weihnachtsfest findet sich um 490."

Dekorationshilfe

Kleben Sie die Sterne aus dem Fensterbild „Christi Geburt“ hinzu.

Als Hintergrund eignen sich Stoffe mit weihnachtlichen Motiven, oder einfach eine Tüllgardine.

So wird's gemacht

Schneiden Sie die Stiefel, Nüsse, Bonbons, sowie das Spruchband aus weißer Pappe und die Äpfel aus grüner Pappe aus.

Die Bemalung nehmen Sie nach Ihrem individuellen Geschmack vor.

Für die Schrift und die Noten auf dem Spruchband verwenden Sie am besten einen schwarzen Filzstift.
Das Spruchband sollten Sie zusätzlich mit schwarzer und goldener Farbe einrahmen.

Auf dem Musterbogen finden Sie bei den Schuhen aufgemalte Kreise, diese Kreise müssen ausgeschnitten werden, damit Sie Papiergeschenkband als Schnürsenkel durchziehen können.

Die Geschichte

„Nikolaus (6. Dezember)"
Nikolaus ist ein in der Ost- und Westkirche gleichermaßen hochgeschätzter Heiliger.

Er war Bischof von Myra in Lykien (heutige Türkei) und Teilnehmer am Konzil von Nizäa (325). Seine Vita weiß von zahlreichen Wundertaten, so daß Nikolaus als Helfer in Schwierigkeiten aller Art gilt, insbesondere jedoch als Freund der Kinder.

Seine Verehrung ist sehr volkstümlich. Die zahlreichen Nikolausspiele haben oft nur wenig mit der historischen Persönlichkeit zu tun."

Dekorationshilfe

Bei diesem Fensterbild ist ein heller Hintergrund angebracht, falls Sie für die Farbe der Schuhe Braun wählen.

Sehr effekvoll sehen die Stiefel auch in Rot aus.

Geburt Christi

So wird's gemacht

Für dieses Fensterbild benötigen Sie eine große Pappe, um es in einem herstellen zu können. Die Sterne können Sie aus gelber Pappe, oder Metallfolie herstellen.

Die Geschichte

„Geburt Christi" Die Feier eines Geburtstages ist ein seit der Antike üblicher Brauch und meinte ursprünglich mehr als die bloße Erinnerung an die Geburt eines Menschen. Besonders bei hochstehenden Persönlichkeiten klang etwas von „Verherrlichung, Offenbarung, Machtentfaltung" und sogar „Vergöttlichung" mit.
Bei der Feier des Geburtsfestes Christi geht es ebenfalls um mehr als nur einen Gedächtnistag eines historischen Ereignisses: Es geht um die Offenbarung Gottes in Jesus Christus, seine Menschwerdung, sein Herniedersteigen in den Bereich von Leid, Vergänglichkeit und Tod. Er nimmt selbst Teil daran und zeigt gerade darin seine rettende Macht, indem er Leid und Tod überwindet. So erhält dieses Fest erst von Ostern her seine volle Bedeutung. Dem entspricht die erst späte Aufnahme des Geburtsfestes Jesu in den christlichen Festkalender.
Im vierten Jahrhundert begannen Christen den 25. Dezember als Geburtsfest Christi zu feiern. Dabei gibt es unterschiedliche Hypothesen für die Berechnung dieses Termins.

Dekorationshilfe

Um die heilige Familie herum kleben Sie die Sterne, der Hintergrund sollte farblich abgestimmt sein.
Bei einigen dunklen Farben ist ein heller Hintergrund zwingend.
Soll dieses Fensterbild besonders echt wirken imitieren Sie den Hintergrund eines Stalls, in dem Sie Stücke einer Holz- oder Steintapete dazudekorieren.

Erscheinung des Herrn (6. Januar)

So wird´s gemacht

Die Kometenhand schneiden Sie aus gelber Pappe aus und malen die Konturen mit einem orangefarbenen Buntstift auf. Jedes Kamel mit Reiter besteht aus zwei Teilen, das Kamel schneiden Sie aus brauner Pappe zu, den Reiter mit Sattel und Decke aus weißer Pappe.

Nach der Bemalung kleben Sie auf die Satteldecken silber- und goldfarbene Sternchenaufkleber, erst danach die Reiter auf die Kamele kleben.

Die Zügel sind aus Papiergeschenkband, um die Zügel zu befestigen, stechen Sie mit einer dicken Stopfnadel ein Loch in das Zaumzeug am Kinn des Kamels. Ebenso durch die Hand des Reiters, haben Sie die Zügel durchgefädelt, verknoten Sie diese auf der Rückseite des Kamelkopfes und kleben über das Loch der Vorderseite des Zaumzeuges einen Sternchenaufkleber.
Den dritten Weisen aus dem Morgenland ebenfalls aus weißer Pappe anfertigen, bemalen und den Mantel mit Sternchenaufkleber verzieren.

Die Geschichte

„Erscheinung des Herrn (6. Januar)“
Die griechische Bezeichnung des Festes bringt uns mit dem ursprünglichen Bedeutungsgehalt des Festes in Berührung: epiphaneia oder theophaneia – Erscheinung, Gotteserscheinung. Bevor sich das Fest der Geburt Jesu am 25. Dezember durchsetzte, gab es im Osten und in manchen Gebieten des Abendlandes am 6. Januar ein Fest mit dem Namen „Epiphanie“, an dem das Kommen Gottes als Mensch auf diese Erde (seine „Erscheinung im Fleische“) gefeiert wurde.
Mit Übernahme des Weihnachtsfestes am 25. Dezember wurde in den Ostkirchen das Motiv der Taufe Jesu dem Erscheinungsfest zugeordnet. Der Geist Gottes, der in Gestalt einer Taube auf Jesus herabkommt, und die Stimme vom Himmel, die sagt: „Dies ist mein geliebter Sohn, an dem ich Gefallen gefunden habe“, sind die Zeichen der Gottesoffenbarung, Gotteserscheinung bei der Taufe Jesu.
In den Westkirchen traten zu diesem Motiv der Gotteserscheinung zwei weitere hinzu: die Anbetung der Magier und die Hochzeit zu Kana. Diese Aspekte haben sich im späteren Verlauf dann auf verschiedene Feste verteilt, so daß jetzt am Epiphanienfest nur noch das Gedächtnis der Anbetung der Weisen (Sterndeuter, Magier) begangen wird. Aufgrund der dreifachen Gaben, Geschenken mit „königlichem“ Charakter (Gold, Weihrauch und Myrrhe), wurden aus diesen Weisen die „Heiligen Drei Könige“.

Dekorationshilfe

Nehmen Sie die Sterne aus dem Fensterbild „Christi Geburt“ hinzu.

Dieses Fensterbild muß einen hellen Hintergrund haben, andernfalls würden die braunen Kamele nicht sichtbar.

So wird's gemacht

Schneiden Sie dieses einteilige Fensterbild aus einer weißen Pappe aus.

Blitze und einen Teil der Wolken mit Metallic-Farben bemalen.

Die Geschichte

„Die Zehn Gebote" Im zweiten Buch Mose wird vom Auszug des Volkes Israel aus Ägypten erzählt, weshalb das Buch auch „Exodus" (= Auszug) genannt wird.
Gott stellt sich hier als Retter und Erlöser seines Volkes aus dem Sklavendasein in Ägypten vor.

Im Verlauf der Pilgerschaft durch die Wüste kommt es zum Bundesschluß zwischen Gott und dem Volk am Berg Sinai. Feierlich werden dort die zehn Gebote verkündet, Lebensregeln, die dem Gelingen des Lebens in Freiheit dienen sollen (Exodus 20,1 17).
Parallelen zu den zehn Geboten finden sich sowohl im Grundgesetz der Bundesrepublik Deutschland als auch in der Formulierung der Menschenrechte der Charta der Vereinten Nationen.

Dekorationshilfe

Außer einem grünen Hintergrund können Sie jede Farbe wählen.

So wird's gemacht

Das Kind, die Hände und die Seerosen mit Blättern, werden in einem aus weißer Pappe ausgeschnitten und bemalt.

Das Wasser scheiden Sie aus blauer Pappe zu.

Die Geschichte

„Taufe" Das Wort „taufen" läßt sich sprachgeschichtlich auf einen Begriff zurückführen, der „tief machen" bedeutet oder „untertauchen".
Das Untertauchen im Wasser der Taufe versteht der Apostel Paulus als ein Sinnbild für das Sterben und Auferstehen mit Christus (Röm. 6,3-4).
Die Taufe wird damit zum Sakrament der Wiedergeburt, des neuen Lebens, der neuen Schöpfung.
So wie das neugeborene Kind angewiesen ist auf eine Familie, die ihm Geborgenheit gibt, so stellt die Taufe den Menschen in den Lebenszusammenhang mit Gott in Jesus Christus, in die Teilhabe an seinem Leben und in die Lebensgemeinschaft mit anderen Christen.

Dekorationshilfe

Sie können aus dem Fensterbild „Pfingsten“ die Taube mit Wolken, ohne den „Sturm“ und die Flammentropfen, zu diesem Fensterbild hinzunehmen und über das Kind kleben.

Als Hintergrund eignet sich Spitze oder eine Tüllgardine.

So wird's gemacht

Schneiden Sie aus Pappe den Jungen, das Mädchen und den Kelch einzeln aus.

Verlängern Sie die den Kelch haltenden Hände der Kinder um soviel, daß Sie diese problemlos später hinter den Kelch kleben können.
Um die Daumen auf den Kelch kleben zu können, nehmen Sie rund um die Daumen einen Einschnitt vor.

Kleben Sie bitte alle drei Teile erst nach der Bemalung zusammen.

Die Geschichte

„Kommunion" Zum Fortbestand des Lebens gehört die Nahrungsaufnahme. Eine mit anderen Menschen gemeinsam eingenommene Mahlzeit läßt etwas davon spüren, wie sehr unsere Existenz mit anderen Menschen verknüpft ist.
In der Kommunion finden wir diesen Aspekt wieder. Der im gemeinsamen Essen verborgene Sinn entfaltet sich zur Teilhabe am göttlichen Leben und zur communio (lat. = Gemeinschaft) untereinander. Eine Erfahrung, die uns zutiefst zur Danksagung (griech.-lat. eucharistia) führen will.

Dekorationshilfe

Als Erweiterung des Fensterbildes können Sie die Taube aus dem Fensterbild „Pfingsten" (ohne „Sturm" und Flammentropfen) über die Kinder kleben.

Als Hintergrund ist Spitze, oder ein ausgedienter Brautschleier sehr wirkungsvoll.

So wird's gemacht

Dieses Fensterbild wird in einem Stück ausgeschnitten.
Die Bemalung besteht hauptsächlich aus verschiedenen Metallic-Farben.

Die Tropfen am Kelch entweder aus Pappe herstellen, oder mit einem Nylonfaden zwei kleine Glastropfen an den inneren Kelchrand hängen.

Die Geschichte

„Konfirmation" Der heranwachsende Mensch erlebt einen wichtigen Wendepunkt in seinem Leben.
Er ist reifer geworden, tritt in die Welt der Erwachsenen ein und sucht seinen Platz im Berufsleben.
Auch hier spürt der Mensch wieder, daß das Leben sich nicht selbst trägt, sondern liebende Gemeinschaft braucht. An solchen Schlüsselpunkten des Lebens wird das Mitwirken einer Kraft erfahren, die aus einer anderen Wirklichkeit kommt.
Das Leben wird transparent auf die Gegenwart des Transzendenten, auf die Gegenwart Gottes. Die äußeren Riten geben dieser tiefen Erfahrung greifbare Gestalt.

Dekorationshilfe

Auch hier können Sie die Taube mit Wolken (ohne „Sturm“ und Flammentropfen) aus dem Fensterbild „Pfingsten“ über den Teller mit Kerze, Kelch und Brot kleben.

Besonders schön wirkt dahinter eine Spitzengardine.

So wird's gemacht

Dieses Fensterbild besteht aus zwei Teilen, zuerst schneiden Sie aus rosafarbener Pappe das Herz aus und malen den Myrtenzweig und die Ringe mit Farbe auf.
Die Hände mit dem Schal und die Taube, schneiden Sie in einem aus weißer Pappe aus, anschliessend nehmen Sie die Bemalung vor. Erst ganz zum Schluß kleben Sie die Hände auf das Herz.

Die Geschichte

„Ehe" Einander annehmen, zusammenhalten, sich gegenseitig beschenken – davon lebt die Liebe.

Aber wie zerbrechlich ist das Band der Liebe, wieviel Rücksichtnahme, gegenseitiges Vergeben sind gerade in einer engen Gemeinschaft notwendig und wieviel Hilfe wird dazu gebraucht.
So stellen sich Eheleute unter den Segen Gottes und wissen ihre Treue durch seine Treue gestärkt – heißt doch „sich trauen" soviel wie „fest werden", „treu sein".

Dekorationshilfe

Als Hintergrund eignet sich besonders gut ein Brautschleier, aber auch Spitze, oder eine Tüllgardine.

So wird's gemacht

Alle Teile schneiden Sie aus weißer Pappe aus. Das Gewicht, das Schloß, die Kette und die Heringe werden mit Metallic-Farben bemalt.

Auf dem Musterbogen finden Sie nur einen Hering, für das Fensterbild müssen Sie diesen Hering noch einmal seitenverkehrt aus der Pappe ausschneiden.

Die Geschichte

„Fastenzeit“ Der Titel eines bekannten Fastenführers lautet: „Wie neugeboren durch Fasten“. Damit läßt es sich auf den Punkt bringen, was die Fastenzeit oder österliche Bußzeit meint. Als Hinführung zum Osterfest will sie „einerseits durch Tauferinnerung oder Taufvorbereitung, andererseits durch Buße die Gläubigen, die in dieser Zeit mit größerem Eifer das Wort Gottes hören und dem Gebet obliegen sollen, auf die Feier des Pascha-Mysteriums vorbereiten“ – wie es in der Liturgiekonstitution des II. Vatikanischen Konzils heißt. Damit wurde auf eine alte Tradition zurückgegriffen, nach der in der Zeit vor Ostern die Taufbewerber in das letzte Stadium der Taufvorbereitung eintraten und von der ganzen Gemeinde dabei begleitet wurden. Die Taufe wurde dann in der Osternacht gespendet. Die beiden wesentlichen Elemente der Vorbereitungszeit auf Ostern sind also „Taufe“ und „Buße“. Zum Bußgedanken gehört dann auch das Fasten.

Die verschiedensten Fastenübungen finden sich zu allen Zeiten in allen Völkern sowohl aus religiösen als auch aus medizinischen Gründen. Fasten wird als ein Weg zu innerer Ordnung, als Wegfindung und Individuation erlebt. In diesem Sinne hat Fasten seinen Platz in der Vorbereitung auf den Empfang des göttlichen Geistes.

Dekorationshilfe

Ein heller Hintergrund ist bei diesem Fensterbild am effektivsten.

So wird's gemacht

Auf dem Musterbogen ist nur eine Taube abgebildet, diese Taube stellen Sie einmal so her und einmal seitenverkehrt, dasselbe bei dem Palmwedel, den Sie aus grüner Pappe separat ausschneiden. Später nehmen Sie einen Einschnitt bei jeder Taube zwischen dem unteren und oberen Schnabelteil vor und kleben den Palmwedel soweit das geht auf die Taube fest. Die Mitte des Fensterbildes bildet eine Krone, die wird mit Metallic-Farben bemalt, als Schmuck können Sie auch flache Glassteine aufkleben.

Die Geschichte

„Palmsonntag" Alle vier Evangelien berichten über einen feierlichen Einzug Jesu in Jerusalem kurz vor seinem Leiden und Sterben. Er reitet auf einem Esel und gibt sich damit als König des Friedens und der Gerechtigkeit zu erkennen, wie es beim Propheten Sacharja heißt: „Siehe dein König kommt zu dir, ein Gerechter und ein Helfer. Er reitet auf einem Esel, auf dem Füllen einer Eselin." Das Volk jubelt ihm zu. Die Menschen breiten ihre Kleider vor ihm aus und tragen Palmzweige in den Händen."In den gottesdienstlichen Feiern am Palmsonntag wird dieser Jubelzug des Volkes durch eine Prozession nachgebildet, in der die Teilnehmenden grüne Zweige in den Händen halten und dazu den Jubelruf von damals aufgreifen: Hosianna! Gepriesen, der da kommt im Namen des Herrn.

„Die Heilige Woche" In der frühchristlichen Osterfeier wurden Leiden, Tod und Auferstehung Jesu als eine Einheit erfahren und gefeiert. Dabei wurde ein tiefer Zusammenhang gesehen zwischen den Ereignissen, derer das Volk Israel in seiner Paschafeier gedenkt und dem christlichen Osterfest. In der Schlachtung des Paschalammes und im Auszug aus Ägypten, der tödlichen Bedrohung und der Errettung aus den Fluten des Meeres auf diesem Weg sahen sie die Geschichte Jesu vorgebildet. Im zweiten und dritten Jahrhundert wurde daher ein christliches Paschafest begangen. Beginnend mit dem abendlichen Paschamahl, bei der man der Einsetzung der Eucharistie gedachte, folgte dann eine Nachtwache, die vom Gedenken an Leid und Tod Jesu bestimmt war. Der letzte Teil des Gottesdienstes war dann geprägt von Freude und Jubel über die Auferstehung. Vom vierten Jahrhundert an begann man die einzelnen Geschehnisse in je separaten Gottesdiensten an verschiedenen Tagen zu begehen. So kam es zur Feier der heiligen drei Tage. Später wurde dann die ganze Woche vor Ostern als Heilige Woche oder Karwoche (ahd. kara = Trauer) beginnend mit dem Palmsonntag begangen. Vorbild dafür war der Brauch der Jerusalemer Gemeinde, die Stationen von Passion und Auferstehung Jesu an den Orten und zu den Zeiten, an denen sie der Überlieferung nach stattgefunden hatten, nachzugehen. Die Pilgerin Egeria berichtet am Ende des vierten Jahrhunderts darüber.

Dekorationshilfe

Entweder bleiben Sie mit einem hellen Spitzen- oder Tüllhintergrund Ton in Ton, oder Sie wählen einen kontrastreichen Hintergrund z.B. in Grün oder Himmelblau etc...

So wird's gemacht

Wegen der Größe des Fensterbildes, müssen Sie das Kreuz aus zwei Teilen herstellen, den senkrechten und den waagerechten Balken.
Nachdem Sie beide Balken aus brauner Pappe ausgeschnitten und bemalt haben, nehmen Sie an dem oberen, senkrechten Balken einen Einschnitt vor, schieben den waagerechten Balken hindurch und kleben ihn fest.
Nägel, Rosen mit Blättern, das Auge, die Buchstaben und der Grashügel werden einzeln angefertigt und an das Kreuz, bzw. vor das Kreuz geklebt.

Schneiden Sie den unteren Teil des Kreuzes etwas länger zu, damit Sie den Hügel problemlos davor kleben können. Der aus roter Pappe ausgeschnittenen Rose, kleben Sie ein aus weißer Pappe ausgeschnittenes und farblich gestaltetes Auge in die Mitte auf. Die Tränen werden mit silberner Metallic-Farbe aufgemalt.

Die Geschichte

„Karfreitag“ Nachdem es durch geschichtliche Entwicklungen üblich geworden ist, die Feier von Leiden, Tod und Auferstehung Jesu aufgefächert an verschiedenen Tagen zu begehen, wird heute am Karfreitag nurmehr des Leidens und Sterbens Jesu gedacht.
Der Karsamstag ist ein Tag ohne gottesdienstliche Feier, um den Tag der Grabesruhe nachzubilden. Erst am Ostertag wird dann die Auferstehung gefeiert.

Bei dem Wunsch aller Stationen von Leid und Tod Jesu im Nachgehen zu gedenken, darf doch dabei das Ziel, die Auferstehung, nicht aus dem Blick geraten. Das Kreuz ist kein Zeichen des Scheiterns sondern des Sieges. Ein Hoffnungszeichen, das uns sagen will: So wie Jesus am Kreuz Leid und Tod überwunden hat und am dritten Tage auferstand, so werden auch wir Anteil erhalten an seiner Auferstehung.

Dekorationshilfe

Für dieses dunkle Fensterbild ist ein heller Hintergrund zwingend.

So wird's gemacht

Das Osterlamm auf dem Skateboard mit Anhänger wird in einem Stück aus weißer Pappe ausgeschnitten und anschließend bemalt. Die Sonne aus gelber Pappe herstellen und entsprechend bemalen.

Die Geschichte

„Ostern" Was für die gesamte Feier von Leiden, Tod und Auferstehung Jesu gilt, gilt für das Osterfest noch mal in besonderer Weise. Auch hier wird nicht nur die Tatsache seiner Auferstehung an sich gefeiert – in einem einzigen Fest – sondern der gesamte Zeitraum, für den das Neue Testament von Erscheinungen des Auferstandenen berichtet. Vierzig Tage hindurch begegnen die Jünger ihm auf besonderer Weise, reden und essen mit ihm (Apg 1,3f). Am 50. Tag nach dem Paschafest empfangen sie den Heiligen Geist und fangen an, öffentlich aufzutreten und die Botschaft von Jesus, dem Christus, zu verkündigen. So haben wir auch hier wieder eine Ausfaltung des Festgeheimnisses auf das Osterfest selbst, auf Christi Himmelfahrt (nach 40 Tagen) und Pfingsten (nach 50 Tagen).
Die Feier von Auferstehung und Geistsendung legt es nahe, die Feier der Taufe an diesen Tagen anzusiedeln. So wurde lange Zeit hindurch die Taufe in der Osternacht oder zu Pfingsten gespendet. Vielerorts wird heute wieder an diese alte Tradition angeknüpft.

Dekorationshilfe

Zum Osterlamm paßt jeder Hintergrund, schön wirkt auch eine Gardine, oder Stoff mit Blumendruck.

So wird's gemacht

Für dieses Fensterbild benötigen Sie nur eine weiße Pappe und entsprechende Farben.

Die Geschichte

„Christi Himmelfahrt" Erst im fünften Jahrhundert setzte sich der Brauch durch, ein Gedächtnis der Himmelfahrt Christi als eigenes Fest zu begehen. Ein frühes Zeugnis für das Aufkommen dieser Feier findet sich in einer Predigt des Bischofs Johannes Chrysostomus aus dem Jahr 386.

Der Evangelist Lukas berichtet über die Himmelfahrt Jesu am 40. Tag nach Ostern, so daß dieser Termin für das Fest einerseits auf diesen Textbefund zurückzuführen ist, andererseits wird so ein Pendant zur 40-tägigen Fastenzeit geschaffen.

Auf den ersten Blick legt das Fest Christi Himmelfahrt die Assoziation einer Trennung von Himmel und Erde nahe: Jesus geht in den himmlischen Bereich über und verläßt die Erde. Ist das wirklich so zu verstehen? Hier ist es wichtig die Einheit der österlichen Festgeheimnisse in den Blick zu nehmen. Erst von Pfingsten her wird die Bedeutung des Festes Christi Himmelfahrt deutlich. Der Heilige Geist, der den Jüngern gegeben wird, ist das neue Leben, die Kraft, die die Verbindung mit dem Auferstandenen wieder herstellt. Die neue Art der Begegnung, der Gemeinschaft mit Jesus Christus geschieht im Heiligen Geist. So ist Christi Himmelfahrt kein Fest der Trennung sondern der Verbindung von Himmel und Erde.

Dekorationshilfe

Besonders eignet sich ein himmelblauer Hintergrund, oder weiße Spitze.

So wird's gemacht

Das Fensterbild „Pfingsten“ wird aus mehreren Teilen zusammengeklebt. Die Wolken mit der Taube schneiden Sie separat aus weißer Pappe zu, der grüne Zweig wird aus grüner Pappe ausgeschnitten.
Nehmen Sie nach der Bemalung der Taube einen Einschnitt zwischen dem oberen und unteren Schnabel vor, schieben den Zweig dazwischen und kleben ihn fest.

Für den „Sturm“ nehmen Sie blaue Pappe, die roten Flammentropfen schneiden Sie aus roter Pappe aus und kleben sie auf. Schneiden Sie oben das „Sturmende“ etwas länger zu, damit Platz genug bleibt um das Ende hinter die Wolken mit Taube zu kleben..

Die Geschichte

„Pfingsten“ In der Geschichte von den Anfängen der Kirche, der Apostelgeschichte, findet sich der Bericht von der Geistsendung am 50. Tag nach Ostern (Apg 2,1-41), der die Jünger befähigt hinauszugehen und allen Völkern das Evangelium, die Frohe Botschaft, zu verkündigen. Die Vielsprachigkeit, in der die Jünger reden, ist eine Umschreibung dafür, daß alle Menschen mit den unterschiedlichsten Sprachen durch die Verkündigung der Frohen Botschaft am Geist Gottes Anteil erhalten sollen. Pfingsten wird daher auch als das Geburtsfest der Kirche, des neuen Volkes Gottes, bezeichnet.

Dekorationshilfe

Fertigen Sie weitere Wolkenelemente nach dem Muster der Wolken unter der Taube an und dekorieren Sie diese dazu.

Als Hintergrund wirkt ein himmelblauer Stoff, Spitze oder eine kontrastreiche Gardine sehr gut.

Muttertag

So wird's gemacht

Der Junge wird aus weißer Pappe hergestellt und bemalt, mit einigen Handgriffen können Sie den Jungen in ein Mädchen umwandeln, ändern Sie einfach die Kurzhaarfrisur in ein Zopf- oder Pferdeschwanzfrisur.
Auf dem Musterbogen sind keine Blumen eingezeichnet, weil auf die entsprechende Stelle Glanzbilderblumen aufgeklebt werden. Suchen Sie sich aus verschiedenen Glanzbildern (auch Lackbilder oder Oblaten genannt) Blumen zusammen, schneiden diese aus und kleben einen hübschen Blumenstrauß zusammen. Für die Schrift „DANKE“ verwenden Sie bunte Pappreste.

Die Geschichte

„Muttertag“ Der Muttertag ist ein ganz junges Fest. Er wurde 1914 in den USA als Feiertag zu Ehren der Mütter eingeführt und ist von dort her nach Deutschland gelangt. Er wird am 2. Sonntag im Mai begangen.

Dekorationshilfe

Als Hintergrund wirkt fast jeder einfarbige Stoff, auch weiße Spitze oder Gardinen.

So wird's gemacht

Dieses Fensterbild ist mehrteilig, weil alle Früchte einzeln hergestellt werden. Die Schubkarre stellen Sie aus brauner Pappe her, die andersfarbigen Stellen werden mit Metallic-Farben aufgemalt, für die Beschriftung eignet sich ein schwarzer Filzstift.
Auf der Musterschablone finden Sie bei der Kiepe der Schubkarre einen breiten Strich, an diesem Strich entlang müssen Sie einen Einschnitt vornehmen, um später die Früchte in die Kiepe kleben zu können. Die Früchte schneiden Sie entsprechend aus bunten Pappen aus, Stengel und Blätter malen Sie entweder auf, oder kleben sie aus grüner Pappe auf.

Die Geschichte

„Erntedank" Je nach örtlicher Gewohnheit wird das Erntedankfest am letzten Sonntag im September oder am ersten Sonntag im Oktober gefeiert.
Aus dem Bewußtsein heraus eine geschenkte Existenz zu haben, entsteht der Wunsch, Dank zu sagen. Dankbarkeit ist vor allem ein Ausdruck von Freude. So gibt es verschiedene Bräuche dieses Fest in Gottesdienst, Familie oder im Rahmen eines Dorffestes zu feiern. Alte Volkslieder wissen noch etwas von Erntekranz, von Spiel und Tanz zu erzählen.

Dekorationshilfe

Die großen Früchte, wie den Kürbis, Birne und Aubergine etc., nach hinten kleben davor die kleinen Früchte.

Als Hintergrund eignen sich alle hellen Farben.

So wird's gemacht

Den Flügel des Engels mit der Hand schneiden Sie einmal wie auf dem Musterbogen zu und einmal seitenverkehrt. Das Baby auf der Decke wird in einem aus Pappe hergestellt.

Die Geschichte

„Schutzengel (2. Oktober)" Das Wort Engel bedeutet Bote. Im Alten Testament ist von verschiedenen Boten Gottes die Rede, die zum Teil mit Namen genannt sind: Gabriel, Michael, Rafael. In einigen Texten ist die Rede von Engeln lediglich eine Umschreibung dafür, daß Gott selbst am Werk ist. So heißt es z.B. im Psalm 91: „Er befiehlt seinen Engeln, dich zu behüten auf all deinen Wegen." Und im gleichen Psalm heißt es von Gott selbst: „Er beschirmt dich mit seinen Flügeln, unter seinen Schwingen findest du Zuflucht." So sind Menschen zu der Überzeugung gelangt, in den Engeln ist Gott selbst gegenwärtig und haben ihnen deshalb Verehrung entgegengebracht, Verehrung die letztendlich Gott selbst meint.

Ein eigenes Schutzengelfest gab es seit dem 16. Jahrhundert in Spanien und Frankreich. Papst Klemens X. hat das Fest für die ganze Kirche vorgeschrieben und auf den 2. Oktober festgelegt.

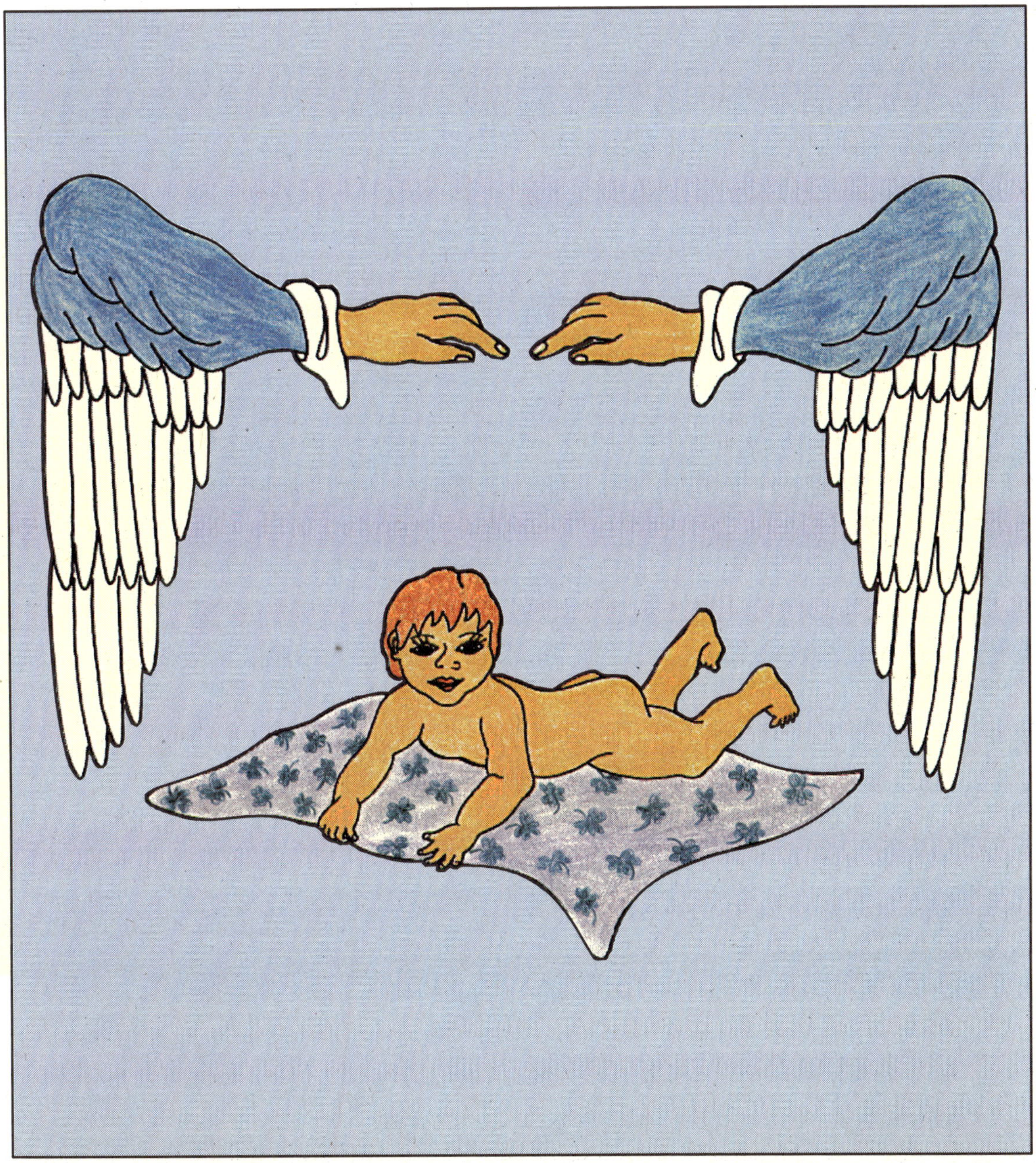

Dekorationshilfe

Als Hintergrund eignet sich Spitze, eine Tüllgardine, aber auch ein sehr kontrastreicher Stoff.

So wird's gemacht

Gesamt besteht dieses Fensterbild aus fünf Teilen, dem Tintenfaß, einem Hammer, Nägeln, Feder mit Federhalter und der Hand Luthers. Schneiden Sie bis auf die Feder alles aus weißer Pappe zu, bitte den Federhalter separat.
In den oberen Teil des Federhalters nehmen Sie zwei waagerechte Einschnitte vor, die so lang sein sollten, daß ein Federkiel durchpasst.
Nach der Bemalung aller Pappteile stecken Sie eine Pfauenfeder durch die Einschnitte am Federhalter und kleben den Federkiel auf der Rückseite mit Klebeband fest.
Nehmen Sie nun rund um den Daumen einen Einschnitt vor und schieben den Federhalter darunter, dann vorsichtig mit Klebstoff festkleben.

Die Geschichte

„Reformationstag (31. Oktober)" In der Lutherischen Agende trägt das Fest die Bezeichnung Gedenktag der Reformation. An diesem Tag wird von der evangelischen Christenheit des Beginns der reformatorischen Bewegung gedacht. Kurfürst Georg II. von Sachsen ordnete 1667 als Gedächtnistag der Reformation den 31. Oktober an.

Der Überlieferung nach schlug Martin Luther am Vortag des Allerheiligenfestes 1517 seine 95 Thesen an die Tür der Schloßkirche zu Wittenberg. Er wollte auf diese Weise eine Disputation unter den Wittenberger Gelehrten herbeiführen.

Dekorationshilfe

Am besten wählen Sie einen hellen Hintergrund, Spitze oder eine Tüllgardine.

So wird's gemacht

Schneiden Sie so viele Gänse aus wie Sie mögen, die abgebildete Menge soll nur ein Beispiel sein. Schnäbel, Augen und Füße entsprechend bemalen. Für die Fackeln haben Sie zwei Möglichkeiten, entweder stellen Sie die Gans mit Fackel, wie auf dem Musterbogen, in einem her, oder Sie basteln wie folgt, richtige kleine Fackeln. Dazu brauchen Sie dünne Bambusstöckchen, Blumendraht, Pappe, Wellpappe, oder buntes Geschenk- bzw. Transparentpapier. Das jeweilige untere Ende des Bambusstöckchens sollten Sie halbieren, da es später, durch zwei Einschnitte am Gänseflügel gezogen wird. Um später die Fackel an den Stock hängen zu können, wickeln Sie Blumendraht um den Stock und biegen am Ende einen Haken. Nach dem Muster auf dem Musterbogen basteln Sie dann aus Wellpappe und Pappe, oder aus Pappe mit Geschenkpapier eine kleine Laterne. Damit Sie die Laterne an den Haken am Stock hängen können, müssen Sie ein Stück Baumwollgarn an die Laterne knoten. Zum Schluß schieben Sie, wie schon erwähnt, das untere Ende des Fackelsstocks durch zwei Einschnitte am Gänseflügel. Das auf der Rückseite sichtbare Bambusstück kleben Sie mit Klebeband fest, damit die Fackel nicht nach vorne überkippt.

Die Geschichte

„St. Martin (11. November)" Der Gedenktag des Bischofs Martin von Tours ist einer der vor allem bei Kindern bekanntesten und beliebtesten. Dabei spielt die Konfession keine Rolle. Laternenumzüge und Martinsgansessen gehören vielerorts zum traditionellen Brauchtum.
Wer war dieser Martin? Geboren wurde er um 316 in Ungarn (im heutigen Szombathely). Er war zunächst Soldat. In diese Zeit fällt die bekannte Geschichte von der Mantelteilung am Stadttor von Amiens, wo er die Hälfte seines Mantels einem frierenden Bettler überließ. Er war zu der Zeit bereits Taufbewerber. Als Schüler des Hilarius von Poitiers wurde er 321 zum Bischof gewählt. Der Legende nach wollte er dieses Amt nicht übernehmen und versteckte sich in einem Gänsestall. Das laute Geschnatter jedoch verriet ihn.
Mit dem Martinstag begann vermutlich ursprünglich die damals achtwöchige Adventszeit als Vorbereitung auf das Fest der Erscheinung des Herrn (6. Januar).

Dekorationshilfe

Sie können die Sterne aus dem Fensterbild „Christi Geburt“ über die Gänse kleben, oder aus dem Fensterbild „Nikolaus“, das Spruchband entnehmen und die Schrift und die Noten eines Martinsliedes einfügen.

Als Hintergrund wirkt ein kontrastreicher Stoff sehr gut, wie wäre es z.B. mit einem blauen Stoff, der mit goldenen Sternen bedruckt ist?

Quizspiele und Rätsel

Ob allein, zu zweit oder in der Gruppe, Quizspiele eignen sich bestens als Zeitvertreib für den Familiennachmittag, ein Kinderfest oder zur Informationsvermittlung in der Schulstunde. Meist kann sofort mit dem Spielen begonnen werden, die Lösungen findet man am Ende des Buches. Die verschiedenen Quiz- und Rätselarten werden vorgestellt und Fragen vorgegeben. Problemlos kann jedes Quiz oder Rätsel abgewandelt, ergänzt oder erweitert werden, sodass grenzenloser Spielspass sicher ist.

Familienspaß im Kirchenjahr

Hier kann die ganze Familie spielen, basteln, rätseln – einfach gemeinsam aktiv und kreativ sein – an den Tagen, die nicht zum Alltag zählen. Kurze Erklärung der Feiertage und Geschichten sorgen für Abwechslung, Spaß und sinnvolle Gestaltung unserer Feste im Jahreskreis.

Wir spielen wie zu alten Zeiten

Diese Spielesammlung bietet eine breite Auswahl von vielen fast vergessenen Spielen aus der „guten alten Zeit".
Für kleine und große Kinder findet sich Verse und Reime, Spiele im Freien und im Haus, Sing- und Fingerspiele, aber auch Spiele zum Selbstbasteln und Familienspiele. Da ist für jeden etwas dabei, was mit wenig Aufwand wirklich Spaß macht.

Mein Jahreszeitenbuch

Frühjahr, Sommer, Herbst und Winter - dieses Buch ist ein Begleiter durch das ganze Jahr.

Aus dem Inhalt

- ➔ Naturbeobachtung
- ➔ Der menschliche Körper
- ➔ Spielen, Basteln und Beschäftigen für Drinnen und Draußen
- ➔ Quiz, Rätsel, Bingo und Wettzeichnen
- ➔ Geburtstagkalender, Gästeliste
- ➔ Rezepte und Zimmerschmuck
- ➔ Gärtnem auf der Fensterbank oder im Garten
- ➔ Eine Fundgrube toller Ideen für jeden Tag

Fragen Sie nach dem ZEBOLD Gesamtverzeichnis

Vorlagebogen Nr. 1

Motiv: Adventszeit S. 8-9

Mot

Nikolaus Komm' in unser Haus,

tiv: Fastenzeit S. 26-27

tiv: Konfirmation S. 22-23 ——— Motiv: Ehe S. 24-25

Motiv: Pa

Vorlagebogen Nr. 4 Motiv: Ostern S, 32-33 Motiv: Ch

Motiv: Pfingsten S. 36-37

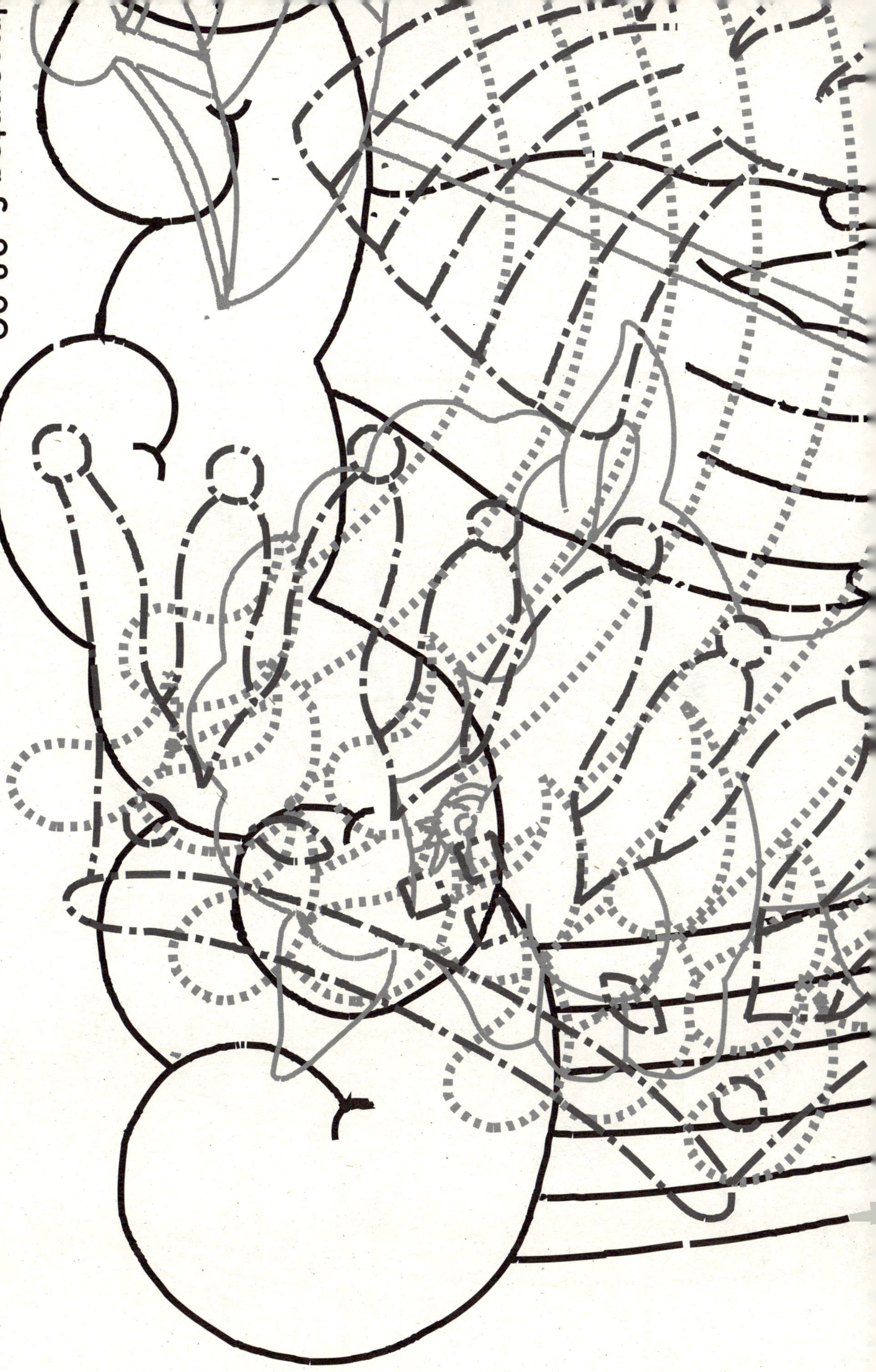

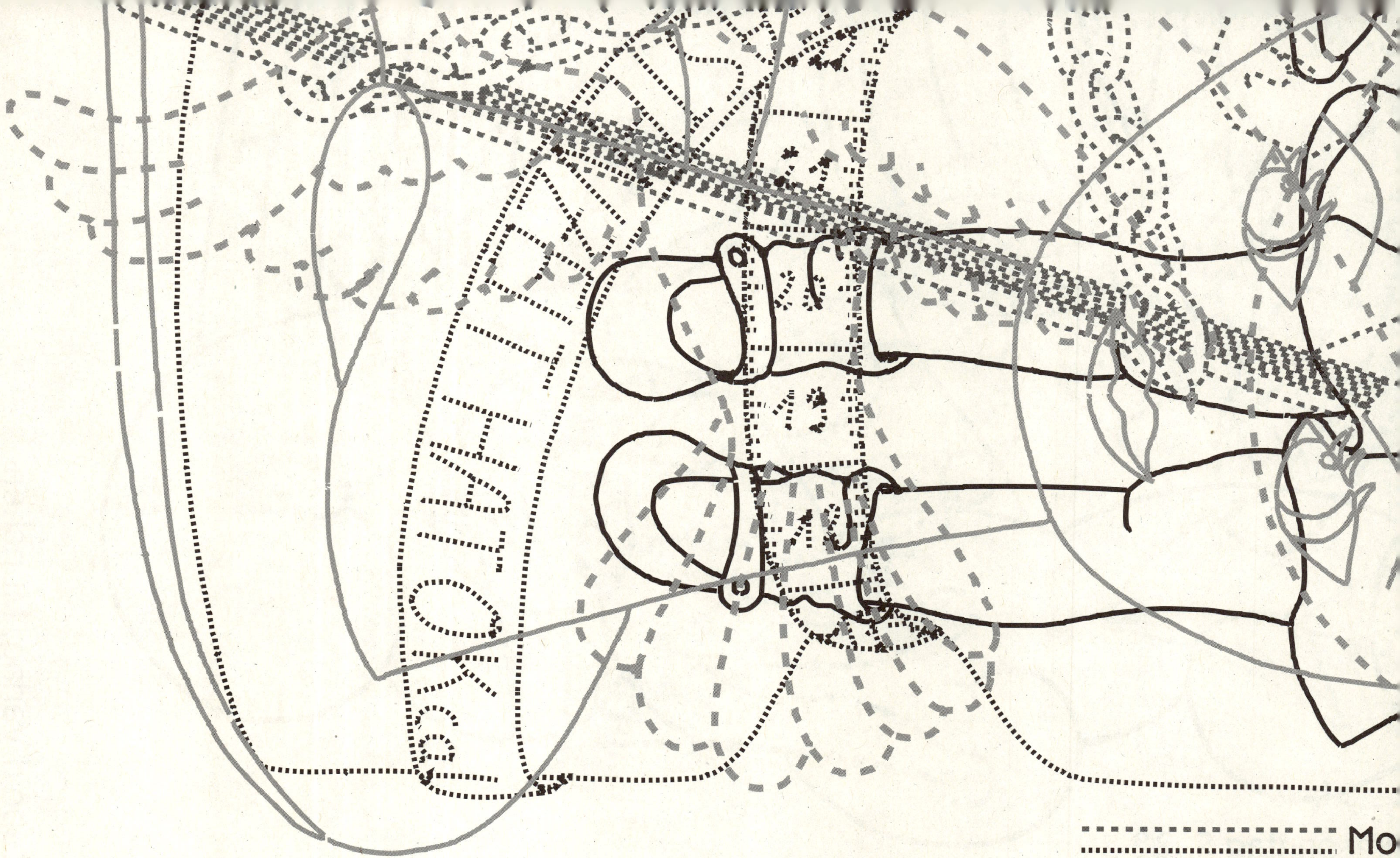

Vorlagebogen Nr. 3 Motiv: Kommunion S, 20-21

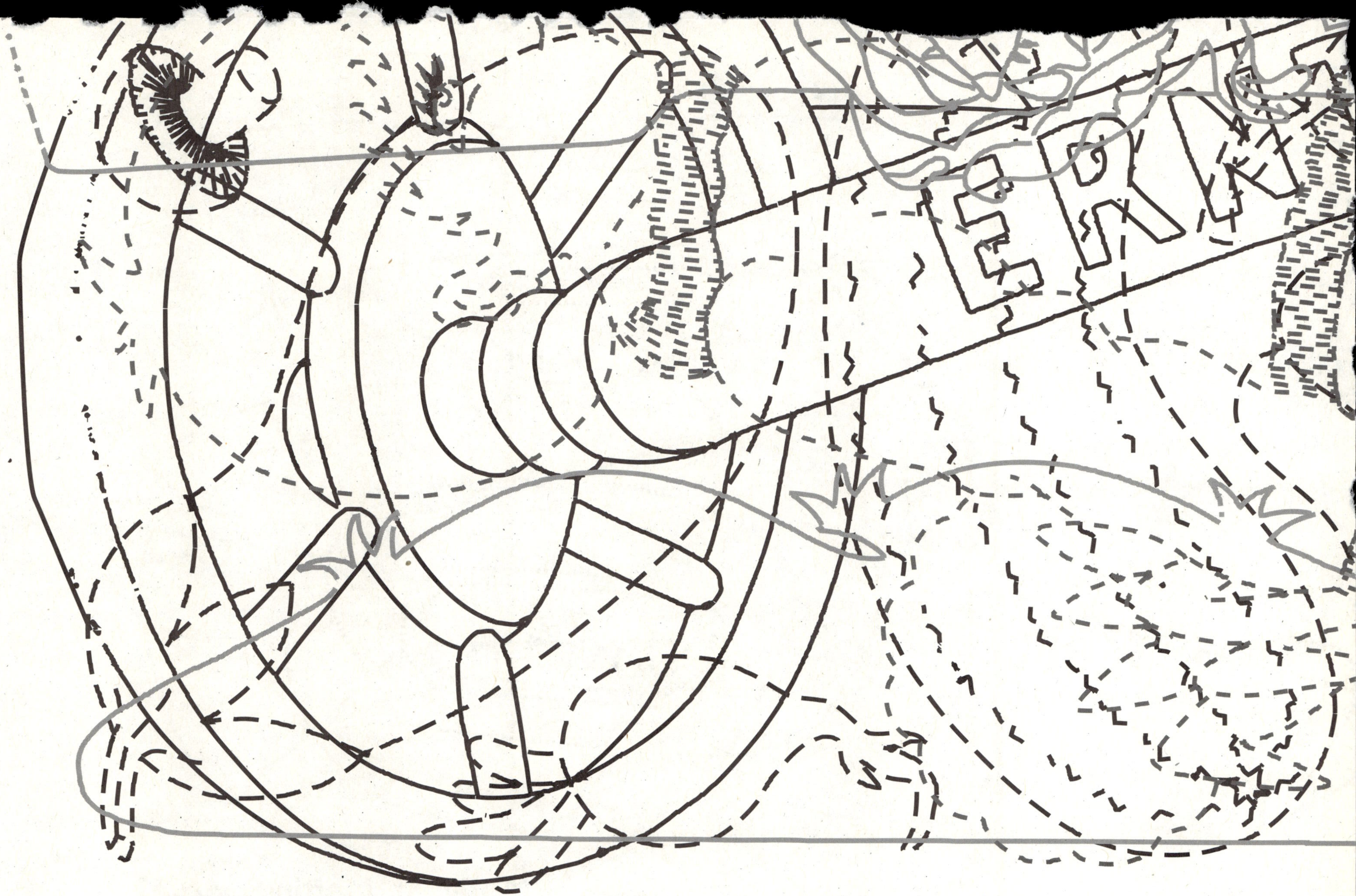

Vorlagebogen Nr. 5 ———— Motiv: Karfreitag S, 30-31 .... Motiv

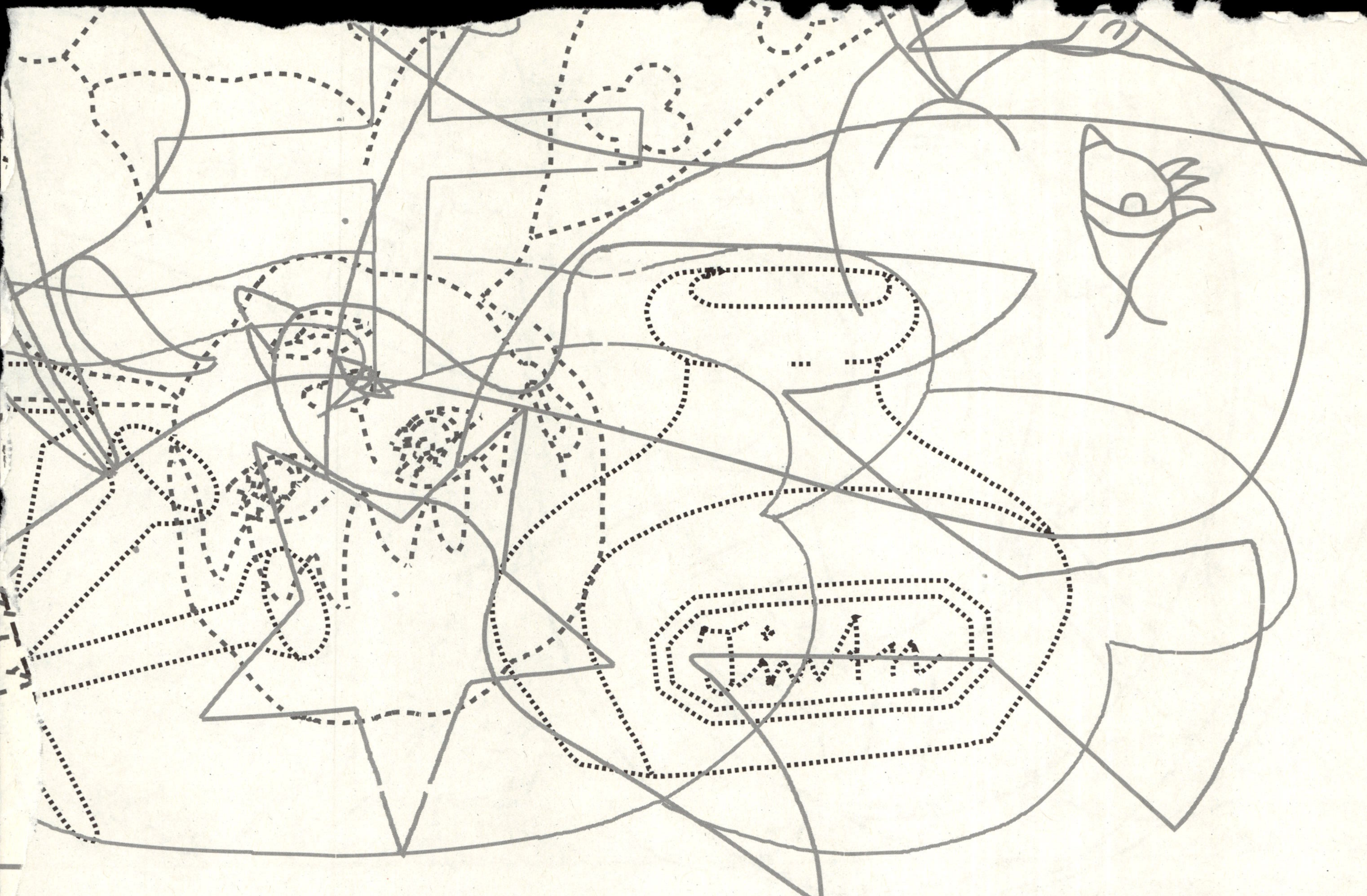

Motiv: Schutzengel S. 42-43

Motiv: St. Martin S. 46-47

Motiv: Reformationstag S. 44-45